캡스톤 디자인
프로세스

구민사

저자 안 나 현

· 서경대학교 일반대학원 미용예술학과
  메이크업 전공 박사 졸업
· 현) 신구대학교 뷰티케어과 겸임교수
· 현) 진로길잡이 교육센터 대표
· 현) 엄지메이크업 대표

캡스톤 디자인 **프로세스**

초판 인쇄 2023년 2월 1일
초판 발행 2023년 2월10일

저자	안나현
발행인	조규백
발행처	도서출판 구민사
	(07293) 서울특별시 영등포구 문래북로 116, 604호(문래동3가 46, 트리플렉스)
전화	(02) 701-7421(~2)
팩스	(02) 3273-9642
홈페이지	www.kuhminsa.co.kr

신고번호	제 2012-000055호(1980년 2월 4일)
ISBN	979-11-6875-170-5(93370)

값	16,000원

PREFACE

이 책은 캡스톤 디자인의 이해, 창의적 사고를 돕는 아이디어 발상 기법, 디자인, 아이디어로 기본적인 캡스톤 디자인을 학습하기 위한 이론집으로 구성되어 있습니다.

학생들에게 대학 교육과정에서 학습했던 모든 지식을 종합적으로 적용하여 문제 해결능력과 더불어 하나의 성과물을 제시할 수 있도록 기초적인 이론을 바탕으로 실질적인 캡스톤 디자인을 할 수 있게 조금이나마 도움이 되고자 집필하였습니다.

저자는 나름대로 최선을 다했지만, 분명 미흡한 부분이 있기에 독자 여러분들의 조언과 격려를 받아들여 추후에 좀 더 알찬 내용으로 발전해 나가도록 노력할 것을 약속드립니다.

이 책이 나오기까지 애써주신 구민사 조규백 대표님과 직원분들께 깊은 감사를 드립니다.

저자 안나현

CONTENTS

PART

3

디자인 32

PART

4

아이디어 56

캡스톤 디자인 프로세스

안 나 현

PART

1

캡스톤 디자인의 이해

CAPSTONE
DESIGN PROCESS

1 캡스톤 디자인(Capstone design)이란?

캡스톤(capstone)이란 사전적 의미로 돌기둥, 건축물의 정점에 놓인 장식, 갓돌, 절경, 최고의 업적, 성취를 뜻하는 단어이다.

따라서 캡스톤 디자인은 학생들에게 대학 교육과정에서 학습했던 모든 지식을 종합적으로 적용하여 문제 해결능력과 더불어 하나의 성과물을 제시함으로써 교육과정을 마무리하는 최종 단계로 '창의적 종합설계'라 할 수 있다.

초기에는 공학 계열에서 주로 이루어졌으나, 2012년 이후 사회, 과학, 경제, 교육, 예술, 게임, IT, 패션, 뷰티, 산업, 디자인 등으로 확대되면서 캡스톤 디자인의 영역에서 활용성이 점차 넓어지고 있다.

다음은 학자들과 기관에서 제시한 캡스톤 디자인에 대한 다양한 개념이다.

· Wagenaar(1993): 학생들이 각자의 전공에서 얻은 지식을 바탕으로 추가하고 비판하며, 응용하는 방식으로 구체적인 연구에 통합하는 경험이다.

· Murphy(2003): 학문의 지식을 다양하게 획득하는 방식에 초점을 두어 과목들 간의 연관성에 대해 종합하는 경험을 갖도록 하는 것이다.

· Moore et. al.(2004): 전공에서 학습한 내용을 여타의 과목에서 공부한 내용과 연계시키는 통합 과정이다.

· Davis(2004): 각자의 전공과정에서 얻은 지식을 확장하고, 상호간에 비판을 응용하는 방식으로, 팀에서 정한 구체적인 연구 주제에 통합하는 경험을 통해 최종적인 숙련을 경험하는 과목이다.

· 이재열 외 2인(2005): 소양과 전공지식을 학습자가 종합적으로 활용하고 응용하여, 학문연구나 직업 활동 등의 진로에 도움이 될 수 있도록 구체적으로 연구나 숙련 등에 적용하고자 디자인된 과정이다.

· **산업자원부**(2005): 전공지식을 바탕으로 작품을 기획, 설계 및 제작하는 과정을 경험하게 하여 사회의 수요에 적합한 창의적 기술 인력을 양성하는 종합설계 과목이다.

· **류영호**(2008): 창의적 사고의 촉진을 위해 문제해결능력과 소통능력을 향상시키기 위해 팀을 기반으로 학습을 수행하며, 창의성, 효율성, 안정성, 경제성 역량을 향상시킬 수 있는 과목이다.

· **양근우 · 이호형**(2013): 특정 전공의 학생이 자신의 전공에서 배운 이론을 종합적으로 활용하여 해당 문제를 해결하기 위한 산출물을 기획하고 제작하는 전 과정이다.

· **전국대학 연구 · 산학협력관리자**(2015): 습득한 전문지식을 바탕으로 하여 산업체에서 필요로 하는 작품 또는 공인으로서 제작 가치가 있는 작품들을 학생들 스스로 설계, 제작, 평가하는 것이다. 창의성과 실무능력, 복합학제적인 팀워크, 발표능력 향상, 리더의 역할을 수행할 수 있는 능력을 보유한 전문인력 육성 교육프로그램이다.

2 캡스톤 디자인의 필요성

현 대학의 전공 교육과정들은 세분화와 전문화되어 학습이 이루어지고 있다. 캡스톤 디자인은 마지막 학기에 산업체에서 필요로 하는 역량을 기르기 위해 진행하는 교육으로, 학생들이 주도적으로 이론을 토대로 작품을 기획, 설계, 제작하는 과정으로 진행된다.

과목에서 습득한 전공지식을 파악하여 결과물에 대해 자기주도형으로 프로젝트를 수행함에 있어 다소 어려움이 있다. 따라서 각 전공지식의 상호 연관성을 파악하여 토론과 협업, 창의력의 기반이 될 깊이 있는 교과목 수업이 이루어지지 못하기 때문에 캡스톤 디자인 교육이 필요하다.

· **김은경**(2013): 캡스톤 디자인을 활용한 수업을 진행할 경우 최대의 장점은 학생들이 창의성을 기르고 발휘할 수 있다는 것이다. 학생 스스로가 문제를 발견하고 해결하는 과정을 거치는 것뿐만 아니라, 다른 학생이 발견한 새로운 문제와 해결 방안을 서로 공유하면서 창의성을 기를 수 있다.

· 장남경(2015): 주어진 문제를 창의적이고 체계적인 사고과정을 거쳐 해결하고 산업체의 요구, 분석의 결과물을 제시하는 과정이다.

· 신수민(2018): 캡스톤 디자인 수업을 진행함으로써 대학 졸업 후 사회 구성원이 되었을 때 대학교에서 배운 이론과 경험을 통해 실제적인 문제를 해결할 수 있는 능력을 발휘하고, 산업현장에서 필요한 리더십, 팀워크, 대인관계, 의사소통, 상호작용 등의 능력을 습득할 수 있다.

3 캡스톤 디자인의 역사

국내 캡스톤 디자인 교과목은 1994년 서울산업대학교에서 처음 정규과목으로 개설되었고, 한국공학교육인증원(ABEEK)에서 2001년 공학인증기준을 수립하였으며, 2001년 한국산업기술재단의 지원을 통하여 캡스톤 디자인 과목이 본격적으로 확산되었다.

캡스톤 디자인은 도입 초기에 공학 계열에서 주로 사용된 교육과정이었다. 2012년에 교육과학기술부(현 교육부)에서 산학협력 선도대학 육성사업(LINC)을 시작하면서 사회과학, 교육, 경제, 예술, IT, 게임, 뷰티, 산업, 시각, 패션디자인 등의 계열로 점차 확대되었다.

해외에서의 캡스톤 디자인 교육은 1940년대 미국에서 시작되었다. 그 당시의 캡스톤 디자인은 상위 세미나라는 말로도 쓰였으며, 전 학부 교육과정의 필수 요소였다(Nicolette Lee, 2015).

4 캡스톤 디자인의 운영체계

1) 전국대학연구와 산학협력관리자협의회의 지침

2016년 우리나라에서는 전국대학연구와 산학협력관리자협의회의 지침에 따라 30여개 전문대학에서 캡스톤 디자인을 [그림 1-1]과 같은 운영체제로 진행하고 있다.

기본설계와 아이템 발굴 → 전략 수립과 주제 선정 → 작품설계 제작 → 작품 전시평가 → 우수사례 발표 5가지 단계로 진행된다.

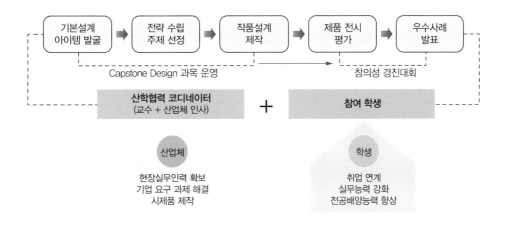

[그림] 1-1 전국대학연구와 산학협력관리자협의회의 지침

2) 국제표준에 준거한 캡스톤 디자인 교수 절차

한순희(2018)는 [그림 1-2]와 같이 국제표준에 따라 캡스톤 디자인 수업을 운영할 수 있도록 ISO 10015:1999 교육훈련 지침에 기반한 캡스톤 디자인 교수모형을 개발했다.

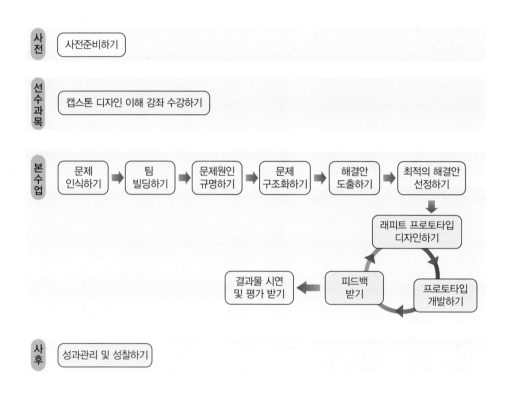

[그림] 1-2 한순희(2018)의 국제표준에 준거한 캡스톤 디자인 교수 절차

5 캡스톤 디자인의 학습활동

캡스톤 디자인의 학습활동은 준비단계→ 계획·실행단계→ 평가단계로 나눌 수 있다.

[표] 1-1캡스톤 디자인의 학습활동

준비 단계	개요 설명	교과목 안내
		수업계획서
		교육목표, 학습 방법, 평가 방법 설명
	팀 구성	팀 규칙 및 역할 분배
		팀별 능력 동일하게 구성
		팀워크 증진 활동 안내
	캡스톤 디자인 주제	제안서 제안 사항
		주제 선정계획, 이유, 적합성
계획·실행 단계	캡스톤 디자인 수행	팀 역할 분담
		필요 지식 및 기술 습득
	과제 수행	지식 공유
		문제해결을 위한 아이디어
	이미지화	이미지화 하기
		일러스트레이션 완성
평가 단계	제작	재료와 도구 선정
		제작하기
	발표 평가	평가 내용, 절차와 방법 안내
		평가 양식 제시
		교수진, 실무전문가, 자기 평가, 동료 평가, 팀 평가 등
	전시 및 경시대회	전시 및 경시대회를 통한 상품화 결정
	후속 활동	자기 평가 및 성찰
		해결안 개발(발산적 사고와 수렴적 사고)

6 캡스톤 디자인의 평가기준

[표] 1-2 캡스톤 디자인의 평가기준

평가기준	내용
준비성	수업을 준비하고 운영하는 절차를 잘 따랐는가?
타당성	작품의 성공 요인을 체계적으로 분석하기 위한 것으로 작품계획의 전반적 요소들은 문제가 없는가?
설명력	주제나 대상의 내용을 상대방이 잘 이해하기 쉽게 구성되었는가?
완성도	작품이 질적으로 완성된 정도는 어떠한가?
작품성	작품이 가지는 그 자체의 예술적 가치는 어떠한가?
창작성	창의적인 사고에 의해 독창적이고 새로운 기술을 만드는 기능이 어떠한가?
성실성	책임감이 강하고 목표한 바를 이루기 위해 노력하는 성취 지향적인가?
독창성	기존의 것에서 탈피하여 모방적 태도를 버리고 자기 고유의 능력과 개성에 의해 참신하고 독특한 아이디어를 산출하는 능력은 어떠한가?
마무리	첫 시작처럼 중요한 부분으로 작품의 끝맺음은 어떠한가?

창의적 사고를 돕는 아이디어 발상 기법

CAPSTONE
DESIGN PROCESS

1. 마인드맵
2. 체크리스트
3. 시네틱스
4. 브레인라이팅
5. 브레인스토밍
6. 랜덤딩크
7. 특성 열거법
8. 결점 열거법
9. 희망 열거법
10. 강제 결합법
11. 스캠퍼 기법
12. PMI 기법

1 마인드맵(Mind-map)

1) 정의

영국 마인드맵의 창시자 토니부잔(Tony Buzan)이 개발한 프로젝트 기법이다.

마인드맵(mind-map)은 '생각의 지도'라는 뜻이다. 어떤 일을 시행하기 전에 계획하는 단계로 그 상황에 대한 전반적인 인지와 해결 방법을 한 눈에 쉽게 알아 볼 수 있도록 해주는 발상법이다. 핵심적 단어를 중심으로 떠오르는 아이디어나 대상들을 무엇이든 묘사하여 생각의 지도를 그리는 방식으로, 직관적 사고의 파생을 확인한다. 새로운 아이디어 구상, 암기과목 내용을 정리할 때 주로 사용하고, 브레인스토밍을 그림으로 나열한 목차와 같다.

2) 특징

- 문자, 그림, 기호, 사진 등 다양한 요소로 활용한다.

- 각자 성향과 창의성에 따라 스타일이 다양하다.

- 이해력, 기억력 향상에 도움이 된다.

- 시간이 절약된다.

- 핵심어 찾기가 용이하다.

- 두뇌 활동이 증진된다.

[그림] 2-1 마인드맵

예1) 주제: 꽃

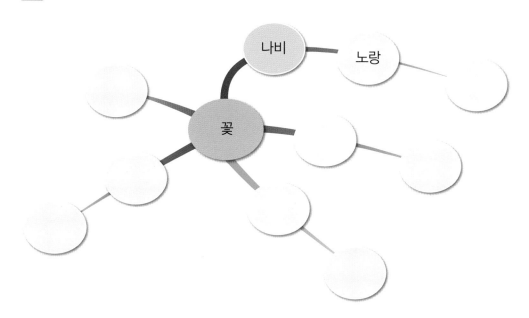

[그림] 2-2 마인드맵

* 빈 칸에 자유롭게 생각을 나열해 보세요

2 체크리스트(Check list)

1) 정의

체크리스트(check list)는 캘리포니아 대학의 오스본(Osborn) 교수가 고안한 방법으로, 질문 항목을 표로 만들어서 하나하나씩 점검해 가며 아이디어를 뽑아내는 방법이다. 위험성을 평가하기 위해 유해성과 위험성을 식별하는 데 사용한다.

2) 특징

- 프로세스 중 모든 단계에서 사용 가능하다.

- 항목별로 하나씩 검토하기 때문에 누락의 염려가 없다.

- 반복적인 작업에는 편리하게 사용할 수 있다.

- 문제의 범위를 벗어난 새로운 발상의 가능성이 적다.

- 창의적 발상을 유도하는 기본적인 자유성이 부족하다.

3) 체크리스트 기법

- **용도전환**: 새로운 용도는 없는가?

- **응용**: 모방할 수 있는 것은 없는가?

- **변경**: 바꿔보면 어떠한가?

- **확대**: 중복이나 결합하면 어떠한가?

- **축소**: 일부분을 제거하면 어떠한가?

- **대체**: 다른 재료, 과정을 사용하면 어떠한가?

- **재배열**: 순서를 바꾸면 어떠한가?

- **전도**: 반대로 하면 어떠한가?

- **결합**: 아이디어를 합친다면 어떠한가?

4) 체크리스트 기법(Check List pool)의 방법

- 참가자의 그룹을 형성하고 5~8명 정도의 참석자가 둥근 테이블에 둘러앉는다.

- 체크리스트 기법을 적용할 문제나 주제를 준비해 제시한다.

- 체크리스트 항목과 체크리스트 실습지 또는 메모지를 준비한다.

- 주어진 주제에 대해서 체크리스트 질문 항목에 따라 차례차례 발상한다.

3 시네틱스(Synectics)

1) 정의

시네스틱(synectics)의 어원은 '서로 관련 없는 요소들 간의 결합'을 의미하는 희랍어의 'synetcos'에 두고 있으며, 서로 관련이 없어 보이는 것들을 조합하여 새로운 아이디어를 도출해내는 발상법이다. 시네틱스는 윌리엄 고든(William J. Gordon)이 천재와 대발명가들을 대상으로 심리연구를 통해 공통적인 부분을 유추하여 아이디어나 힌트를 얻는 방법이다. 즉, 시네틱스는 낯익은 것을 낯선 것처럼 만드는 것 (순질이화)이고, 낯선 것을 낯익은 것(이질순화)처럼 만드는 과정이다.

시네틱스에서 활용하는 유추 발상은 직접 유추, 의인 유추, 상징적 유추, 환상적 유추 4가지로 구분된다.

- **직접 유추**: 해결해야 하는 대상과 전혀 다른 대상을 비교하여 유사한 면이 발견되면 두 대상을 직접 비교시켜 검토하는 방법이다.
  예) 우산을 통한 낙하산 원리

- **의인 유추**: 자신이 해결해야 할 문제나 현상에 대해 자신이 그 일부가 되어 융합된 상태로 문제를 해결하는 방법이다.
  예) 자신이 직접 동물이 되어 동물이 겪는 어려움 생각해 보기

- **상징적 유추**: 관계가 전혀 없는 두 대상을 기술하는 과정에서 상징을 활용하여 유추하는 방법이다.
  예) 대지는 어머니이다.

- **환상적 유추**: 비현실적인 유추를 통해서 문제를 해결하는 방법이다.
  예) 날아다니는 양탄자

4 브레인라이팅(Brain writing)

1) 정의

독일의 베른트 로르바흐(Bernd Rohrbach) 교수가 창안한 아이디어 발상법이다.
브레인스토밍의 문제점을 보완하고자 만들어진 것으로, 브레인라이팅 기록지에 해결할 주제에 대한 자신의 아이디어를 기록한 다음 참가자들과 교환하는 방식이다. 연상 작용이 좋은 사람들이 선호하는 방법으로 침묵하면서 집단적으로 아이디어를 글로 표현하는 것이다.

2) 특징

- 책상에 둘러앉아 각자 주제에 대해 생각나는 아이디어들을 글로 적는다.

- 참가자 개인의 사고력과 참여도를 높일 수 있다.

- 침묵의 회의이다.

- 전원 평등한 발상법으로 자유롭고 진정한 자기 생각을 글로 표현한다.

- 브레인스토밍보다는 아이디어 양이 적을 수 있다.

- 참가자들 간에 서로를 자극하는 동반 상승효과 기대가 다소 어렵다.

브레인라이팅의 실제 운영 방식은 다음과 같다.

(1) 모둠 형태로 자리를 배치한다.

(2) 6명이 각각 1장의 종이를 가지고, 5분간 3개의 아이디어를 기재한다.

(3) 차례대로 옆 사람에게 돌린다.

(4) 총 30분간 6명이 각각 18개의 아이디어를 기록함으로써 합계 108개의 아이디어가 나올 수 있는 꼬리에 꼬리를 무는 발상법이다.

예1) 주제: 패션 이미지

(1) 첫 번째 줄에 아이디어 기재

	영희	철수	나래
1	로맨틱이미지	모던이미지	액티브이미지
2			
3			
4			
5			
6			

(2) 옆사람의 아이디어를 보고 새로운 아이디어 작성

	영희	철수	나래
1	로맨틱이미지	모던이미지	액티브이미지
2	리본	회색	젊음
3			
4			
5			
6			

(3) 옆사람의 아이디어를 보고 새로운 아이디어 작성

	영희	철수	나래
1	로맨틱이미지	모던이미지	액티브이미지
2	리본	회색	젊음
3			
4			
5			
6			

(4) 옆사람의 아이디어를 보고 새로운 아이디어 작성

	영희	철수	나래
1	로맨틱이미지	모던이미지	액티브이미지
2	리본	회색	젊음
3			
4			
5			
6			

(5) 옆사람의 아이디어를 보고 새로운 아이디어 작성

	영희	철수	나래
1	로맨틱이미지	모던이미지	액티브이미지
2	리본	회색	젊음
3			
4			
5			
6			

(6) 옆사람의 아이디어를 보고 새로운 아이디어 작성

	영희	철수	나래
1	로맨틱이미지	모던이미지	액티브이미지
2	리본	회색	젊음
3			
4			
5			
6			

5 브레인스토밍(Brain storming)

1) 정의

1941년 미국의 광고회사 BBDO의 부사장 오스본(Osborn)이 개발한 토론 기법이다.

브레인스토밍은 '두뇌'+'폭풍'이라는 뜻이 결합된 단어로, '두뇌에서 일어나는 폭풍'의 시각적 표현이다. 각자의 아이디어를 내놓아 최선책을 결정하는 창조적 능력 개발법으로, 여러 사람이 모여 생각나는 대로 아이디어를 쏟아내는 발상법이다.

어떤 문제를 해결함에 있어 판단이나 비판을 배제한 자유로운 분위기 속에서 머릿속에 떠오르는 다양한 생각과 아이디어를 자유롭게 의견을 말하는 회의 방법이다.

2) 특징

- 남의 의견을 평가하거나 비판, 간섭하지 않는다.

- 자유분방하게 생각할 수 있다.

- 질보다 양으로 의견을 제시하다 보면 좋은 아이디어가 창출된다.

- 발상의 연쇄 작용을 한다.

- 소통과 협력으로 남의 아이디어를 재창조할 수 있다.

- 발언이 일부 몇몇 사람들에게 집중될 수 있다.

6 랜덤링크(Random link)

1) 정의

생각의 범위를 강제로 넓히기 위해 와이팅(Whiting)이 창안한 것으로, 전혀 공통점이 없는 다른 대상들을 임의로 선정하여 이 둘을 강제로 연결시켜 창의적인 아이디어를 도출해내는 기법이다.

랜덤링크를 효과적으로 진행하기 위해서는 다음 절차에 따르도록 한다.

- 해결해야 할 주제를 정한다.

- 조합할 대상을 무작위로 선정한다.

- 선정된 대상의 속성들을 자유롭게 나열해 적는다.

- 나열한 속성들을 각각 해결해야 할 주제와 강제로 연결지어 생각해본다.

- 강제로 연결지어 도출된 새로운 아이디어를 기록한다.

7 특성(속성) 열거법

1) 정의

창조성 개발 기법의 하나로 미국 네브래스카 대학의 크로포드(Chloford, R. T.) 교수가 만든 방법으로, 문제점의 파악 및 개선 도출을 위한 분석적 방법이다. 아이디어가 막혀 구성원들이 아무런 반응이 없고, 아이디어를 도출하지 않을 때 사용한다.

특정한 제품에 대해 중요한 특성을 나열하고 어떻게 기능을 바꾸거나 성능을 개선할 것인지 생각하며 아이디어를 얻는 방법으로, 문제를 깊이 있게 분석하는데 매우 유용하다.

8 결점 열거법(Fault list)

1) 정의

미국 제너럴 일렉트릭사의 자회사 호르포인트 회사에서 나온 발상법이다.

 생각하는 어떤 대상이나 생활환경에서 결점이나 불편한 점을 구체적으로 열거하여 생각하는 방향을 정하고, 모두의 생각을 자유롭게 서로 내놓는 방법으로 브레인스토밍의 변형이라고 할 수 있다. 다시 말해 주제에 대한 결점을 구체적으로 생각하는 열거법이다.

 구성원들이 모여서 작품의 미흡하고 부족한 부분을 현재의 상태보다 더 낳은 개선 방법을 찾기 위해 철저히 관찰하고 조사한다.

2) 특징

- 해결책을 손쉽게 찾아낼 수 있다.

- 현상에 휩싸여 좋은 해결책을 생각하기 어려울 수 있다.

예를 들어, 휴대폰의 결점 사항을 모두 기재해 보자.

> - 충전해야 한다.
>
> - 오래 사용하면 고장이 난다.
>
> - 중독성이 있다.
>
> - 장시간으로 눈과 어깨의 피로감이 있다.
>
> -
>
> -
>
> -

이들의 결점을 없애기 위해서는 그 결점을 제거하려는 방식이 필요하다.

예1) _____ 결점 사항

-

-

-

-

-

-

-

9 희망 열거법

1) 정의

생각하는 대상에 원하고 바라는 희망사항을 나열하여 아이디어를 이끌어내는 적극적인 방법으로, 결점 열거법의 반대라고 할 수 있다. 이 방법은 희망사항을 추구하기 때문에 실현가능성을 고려하지 않고 혁신적인 해결책을 기대할 수 있는 장점이 있는 반면, 해결책을 실시하는 데는 많은 장벽이 있는 것이 단점이다.

~했으면 좋겠다, ~이랬으면 좋겠다 라는 희망사항을 열거한다.

2) 특징

- 너무 깊이 생각하면 희망사항은 1회 진행 시 1~2시간 사이로 다양한 의견을 조합하여 해결책을 찾 도록 한다.

- 각자가 희망하는 것을 나열하다 보면 의외의 새로운 관점에서 개선방향을 찾게 된다.

예를 들어, 안경의 희망사항을 생각해 보자.

     – 오랜 시간 착용해도 코에 자국이 남지 않았으면 좋겠다.

     – 온도차로 성애가 안 생겼으면 좋겠다.

     –

     –

     –

     –

     –

이들의 희망사항을 실현하기 위해서 어떻게 하면 좋을까라는 생각을 한다.

예 1) _____ 희망사항

     –

     –

     –

     –

     –

     –

10 강제 결합법(Forced connection method)

1) 정의

 문제를 창의적으로 해결하기 위해 전혀 관계가 없어 보이는 주제, 아이디어나 대상을 억지로 연결시켜 새로운 아이디어로 발산시키는 방법이다. 나와 직접적으로 연관되어 있는 것이 아닌 전혀 상관없는 사람, 미래, 동물, 물건 등의 소재로 창의적인 아이디를 얻는다. 사전 지식이나 경험이 부족할 때 유용하게 사용할 수 있고, 두 대상의 관계성이 낮을수록 효과를 발휘할 수 있다. 예를 들어, 사전에 준비한 여러 이미지들을 잘 섞어 무작위로 뽑아서 나온 이미지들을 결합하는 것이다.

 다음은 소프트뱅크의 손정의 회장이 사용한 강제 결합법으로 유명하다.

- 몇 개의 단어 카드를 만든다.

- 상자에 넣고 잘 섞는다.

- 2~3개의 단어 카드를 뽑는다.

- 아이디를 결합한다.

11 스캠퍼(Scamper) 기법

1) 정의

1971년 미국의 교육학자인 밥 에벌(Bob Eberle)이 고안한 창의적 사고 기법이다. 그 후 브레인스토밍 기법의 창시자인 알렉스 오스본(Alex Faickney Osborn)의 체크리스트 기법을 보완하고 발전시켜 재구성한 기법이다. 사고의 영역을 일정하게 제시함으로써 구체적인 안들이 나올 수 있도록 유도하는 아이디어 기법이다.

스캠퍼 기법은 사고의 출발점이나 문제해결의 착안점을 7가지 질문의 형태로 미리 정해 놓고, 그에 따라 다각적인 사고를 전개하다 보면 혁신적인 해결책이 나온다. 브레인스토밍보다 좀 더 구체적이고 실행 가능한 대안을 도출할 수 있다.

스캠퍼(SCAMPER)란 대체(Substitute), 결합(Combine), 응용(Adapt), 변형(Modify) 다른 용도(Put to other use), 제거(Eliminate), 뒤집기(Reverse)라는 7가지 질문의 머리글자를 따서 만든 것이다.

2) 스캠퍼 발상법

총 7개의 체크리스트 질문에 답을 생각하며 아이디어를 찾아가는 방법이다.

[표] 2-1 스캠퍼 발상법

대체하기	A 대신 B를 사용하면?
조합하기(결합)	A 대신 B를 조합하면?
적용하기	A 대신 B를 적용하면?
수정·확대·축소하기	A 대신 B를 다르게 하면?
다른 용도로 사용하기(변경)	A 대신 B를 바꾸면?
제거하기	B를 없애면?
재배치하기(반대)	A를 뒤집으면?

12 PMI 기법

1) 정의

영국의 에드워드 드 보노(Edward de Bono)가 고안한 창의적 사고 기법이다.

주어진 문제의 장·단점이나 흥미로운 점을 다각적으로 기록한 다음, 각각에 대해 이익이 되거나 흥미로운 점을 찾아 검토한 후 여러 아이디어 중에 가장 최선의 아이디어를 제안하는 기법이다. 기존 아이디어로부터 새로운 아이디어를 도출해 내는데 도움을 주고, 시행 방법이 복잡하지 않아 누구나 쉽게 사용할 수 있다.

진행방법은 다음과 같다.

첫째, 선정된 아이디어의 장점이나 좋아하는 이유(Plus)를 가능한 한 모두 열거하고, P(Plus)에 해당하는 장점을 살릴 수 있도록 보완한다.

둘째, 선정된 아이디어의 단점이나 싫어하는 이유(Minus)를 가능한 한 모두 열거하고, M(Minus)에 해당하는 점에 대한 원인과 대책을 제시한다.

셋째, 선정된 아이디어의 흥미로운 점(Interesting)을 가능한 한 모두 열거하고, I(Interesting)에 해당하는 흥미로운 점을 새로운 대안 도출의 원천으로 삼는다.

마지막으로 각 단계에서 산출된 생각을 바탕으로 종합적인 평가를 내린다.

디자인

CAPSTONE
DESIGN PROCESS

1 디자인의 이해

1) 디자인 정의

 디자인은 원래 데시그나레(Designare)로부터 유래된 단어이다. 데시그나레는 'to make out'이라는 의미로 '경계선을 긋거나 구획을 나누어 표시하다'라는 뜻을 가지고 있다. 인간생활에 필요한 미적인 조형을 계획하고 설계하여 이를 실현하는 것이다.

 디자인은 기술적이고, 미적인 면을 포함하며, 이를 위해서는 디자인의 과정뿐 아니라 디자인의 원리를 이해해야 한다. 오늘날 많은 예술 분야에서 이러한 원리들은 독립적으로 나타나는 것이 아니라 상호 보완적인 관계를 갖고 형식적 요소나 감각적 요소가 총체적으로 나타난다.

2) 디자인 방법

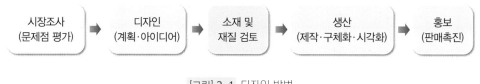

[그림] 3-1 디자인 방법

3) 디자인 과정

– **1단계** : 새로운 것을 추구하는 심리적 욕구 단계

– **2단계** : 욕구에 따라 새로운 형태를 만들어 내는 단계

– **3단계** : 구상한 형태를 만들기 위한 단계

– **4단계** : 선정된 재료를 기술적 요소를 첨가한 형태로 구체화하는 단계

2 디자인의 요소

디자인의 요소에는 개념 요소, 시각 요소, 상관 요소, 실제 요소로 구분할 수 있다.

1) 개념 요소

일반적으로 눈으로 볼 수 없고 실제 하지 않으며, 이념상으로만 존재한다. 직접적으로 지각하여 얻지 못하고 시각 요소에서 지각되는 요소이다.

개념 요소에는 점, 선, 면, 입체가 있다.

점   선   면   입체

[그림] 3-2 디자인 요소

(1) 점(point)

- 위치만을 지니고 있는 조형의 기본 단위이다.

- 두 점을 가깝게 하면 선의 효과가 생긴다.

- 두 점을 멀리 하면 분산 효과가 생긴다.

- 크기가 커지면 면으로 인식한다.

- 모든 조형의 최소 단위로 더 이상 나눌 수 없다.

- 위치만 있고 크기와 방향, 무게, 길이, 폭, 넓이는 없다.

[그림] 3-3 점의 표현

캡스톤 디자인 프로세스

(2) 선(line)

- 점의 크기에 따라 가늘고 굵은선으로 결정된다.

- 선의 굵기에 따라 성격이 달라질 수 있다.

- 수많은 점들의 집합체이다.

- 면의 교차이다.

- 움직임의 성격, 속도감, 강약, 방향을 가진다.

- 속도감, 방향, 강약, 면의 한계가 있다.

[그림] 3-4 선의 표현

[표] 3-1 선의 종류와 이미지

종류	모양	이미지
수평선		안정감, 평온한, 평화감, 너비감, 침착한, 고요한, 확대, 무한함, 휴식, 정적, 균형
수직선		강한, 속도감, 긴장감, 직접성, 예리한, 명쾌한, 간결한, 남성적인
사선		동적인, 불안한, 활동력, 현대적인, 젊음, 운동감, 속도감, 역동감, 긴장감
지그재그선		신경질, 초조함, 극적인, 긴장감
방사선		집중, 확산, 퍼짐, 모임
곡선		경쾌, 활동적, 동적
와선		복잡한, 불명료한, 운동성, 무한함
파상선 (자유곡선)		변화된, 유연성, 자유로운, 화려한
스캘럽선		생명력, 리듬감, 반복적인

(3) 면(side)

- 수많은 선들의 집합으로 선이 이동한 자취로 생성된다.

- 형(shape)을 통해 점, 선, 면 등 개념적 요소를 시각화할 수 있다.

- 길이와 폭은 있지만 부피는 가지지 않는다.

- 원근감과 질감을 표현할 수 있다.

- 색과 결합하여 공간감이나 입체감을 준다.

[표] 3-2 면의 종류와 이미지

면의 종류	이미지
기하학적 면	신뢰감, 안정감, 강한, 간결, 명료한
직선적 면	강한, 예민한, 직접적인, 남성적, 명쾌한, 대담한, 활발한
유기적 면	자유로운, 생동감, 원활한
불규칙 면	자유로운, 재미있는, 불확실한, 무질서한, 방심한, 단정치 못한, 신경질적인

(4) 입체(solid)

- 3차원적 요소로 면이 모이거나 확장된 집합체이다.

- 형태, 길이, 폭, 넓이, 부피, 깊이, 표면, 방위, 위치 등의 특징을 가진다.

- **순수 입체**: 구, 육면체, 원기둥 등의 조합으로 이루어져 있다.

- **소극적 입체**: 시각을 통해 지각되는 것으로 물체가 점유하는 공간이다.

2) 시각 요소

형태를 눈으로 지각할 수 있는 실제적인 요소이다. 눈에 보이는 형태, 크기, 색채, 질감, 음영, 빛, 공간 등이 있다.

(1) 형(shape)

- 단순히 눈에 보이는 모양이다.

- 어떤 형체의 윤곽이나 경계선이다.

- 2차원적 의미로 표현되는 형체이다.

(2) 형태(form)

- 점, 선, 면 등이 연장되거나 발전과 변화되는 밀접한 관계에서 이루어지는 디자인 요소이다.

- 우리 눈에 보이는 색채와 물체를 인식하는 중요하는 시각 요소이다.

- 형태의 종류는 자연적 형태, 기하학적 형태, 유기적 형태가 있다.

* 자연적 형태
  - **무생물 형태**: 모래, 돌, 산, 바다 등 생명이 없는 것
  - **생물 형태**: 식물, 동물 등 생명이 있는 것
* **이념적 형태**: 실제 감각으로 지각할 수 없지만 느껴지는 순수 형태나 추상 형태이다.
* **현실적 형태**: 실제적으로 지각되는 구상적 형태이다.

(3) 크기

- 크기, 길이, 폭, 깊이, 높이 등 측량이 가능하다.

(4) 색채

- 물체에 빛이 닿게 될 때 반사되는 파장, 투과와 굴절에 의해 표현된다.
- 색의 3속성인 색상, 명도, 채도로 이루어진다.
- 시각적으로 인지할 수 있는 가시광선의 색채로 나타낸다.
- 같은 형태와 크기를 가졌다해도 색채에 따라 느낌이 달라진다.

(5) 질감(texture)

- 광택, 거침 등 물체의 표면적 느낌이다.
- **시각적 질감**: 눈에 보이는 질감, 장식적 질감, 자연적 질감, 기계적 질감
- **촉각적 질감**: 눈으로도 보이고 손으로도 만져서 느낄 수 있는 질감

(6) 빛

- 빛은 가시광선, 자외선, 적외선, 감마선, X-선 등이 있다.
- 빛은 조명원에 따라 고유한 색을 가진다.
- 명암은 밝고 어두움이다.

(7) 명암

- 빛의 밝고 어두움을 의미한다.
- 명암에 의해 입체감과 양감 등을 표현할 수 있다.

3) 상관 요소

개념 요소와 시각 요소가 만나서 상관이 일어난 것으로 구도와 위치, 방향, 공간, 중량감 등이 있다.

(1) 위치

- 한정된 공간 안에서 형태, 요소, 보는 사람 등과 관련된 요소이다.

(2) 방향

- 한정된 공간 안에서 나타나는 시각적 동세이다.
- 수평, 수직, 사선 등이 있다.

(3) 공간

- 원근감과 관련된 요소이다.
- 요소 결합, 평면, 공간적 부피가 있다.

(4) 중량감

- 무게감과 관련된 요소이다.
- 요소에 따라 느껴지는 무겁거나 가벼움이다.

4) 실제 요소

- 형태가 가진 내면의 의미로 디자인의 목적이 충족되었을 때 나타나는 요소이다.
- 표현하려는 주제에 맞는 소재, 목적에 맞는 기능성 등이 있다.

3 디자인의 원리

1) 조화(harmony)

조화란 원래 그리스어 'Harmonia'에서 유래한 것으로 '적합하다'는 뜻이며, 조형에서는 형태와 색채의 조화를 말한다. 조화는 둘 이상의 요소 또는 부분의 상호관계에 대한 미적 가치의 판단으로 서로 분리, 배척되지 않고 통일된 전체로서, 각 요소들이 감각적 효과를 발휘할 때 일어나는 미적 현상으로 합리적인 조화가 이루어진다.

합리적 조화는 여러 가지 요소들이 서로의 장점을 살려 주제나 분위기에 맞도록 적절한 통일과 변화를 주어 더 나은 방향으로 일치감과 소속감이 느껴지도록 하는 것이다. 부분과 전체 사이에 안정된 관련성을 지니며 이질감이 없어 보인다.

조화는 부분과 전체 사이에 안정된 관련성을 지니고 있고, 형태 중 점, 선, 면 또는 색채, 질감 등 둘 이상의 요소들이 상호관계를 이루어 합리적인 조화를 이루는 것이다. 조화에는 친근감과 부드러움이 느껴지는 유사 조화와 극적이고 긴장감이 느껴지는 대비 조화로 나눌 수 있다.

− 유사 조화 : 친근감과 부드러움, 안정감

− 대비 조화 : 동적인, 화려한, 긴장감

[표] 3-3 조화가 표현된 디자인

분야	이미지	시각적 효과	특징
조경		유사	자연의 풀과 인공 물레방아의 조화가 편안한 분위기 조성
건축		유사	비슷한 사각 모양의 서로 다른 방향이지만 통일성 있게 모여 전체적으로 감각적 효과 발휘
화훼		유사	유채색과 무채색, 선과 면 형태
패션		대비	상반되는 성격을 가진 나뭇가지, 철의 동적인 상호관계
회화		유사	블루 톤의 색체 통일감
헤어 스타일		대비	유기적 형태의 소품과 위로 상승한 직선적 머리카락이 동적이며 긴장감
인테리어		대비	천장과 벽면, 인테리어 소품에서 소파, 테이블 탁자의 직선적 형태와 색채에서 느껴지는 모던함과 주변의 베이지 톤의 색체, 자연적이면서 현대적
속성	– 둘 이상 요소 또는 부분의 상호관계로 일치감과 소속감 – 유사 조화: 친근감과 부드러움, 안정감 – 대비 조화: 동적인, 화려한, 긴장감		

2) 균형(balance)

 균형은 점, 선, 면, 색채, 세부 장식 등 다양한 디자인 요소들에 의해 이루어지며 상, 하, 좌, 우가 시각적으로 볼 때 균등하게 분배되어 안정감을 주는 상태로 균형을 이루는 방법에는 크게 대칭 균형과 비대칭 균형이 있다.

 균형은 시각적으로 보이는 힘의 세기가 서로 균등하게 분배되어 있는 상태로 한쪽으로 기울어지거나 치우치지 않고 편안함과 안정감을 준다. 물리적 구조와 색채에서 시각적 무게감으로 서로 균등하다.

[표] 3-4 균형의 종류

디자인 조건	내용
대칭 균형	질서, 안정, 통일, 위엄, 정적
비대칭 균형	자유로움, 활동성, 적극적, 열정, 개성
방사형 균형	중심점을 가지고 동적임과 안정감
색채 균형	무채색 가운데 유채색들의 강한 주목성
형태와 질감 균형	작고 복잡한 물체와 질감 부분 주목성

[표] 3-5 균형이 표현된 디자인

분야	이미지	시각적 효과	특징
조경		방사형	중심점을 가지고 방사형 배열로 동적이면서 자유로움
건축		대칭	힘의 세기가 서로 상하좌우 균등하게 분배되어 보수성이 강해 보이지만, 시각적 무게로 질서 있는 통일감
화훼		방사형	꽃봉우리를 위쪽에 두고 활짝 핀 꽃은 아래쪽에 배치함으로써 물리적인 안정감을 주는 새로운 기법의 디자인 스타일
패션		비대칭	좌우 비대칭 균형으로 시각적 효과가 어긋나 안정감은 없지만 자유로움과 독특한 개성
회화		형태와 질감	동상의 따뜻한 색채와 배경 부분의 차갑고 거친 붓 터치로 형태와 질감에 있어 비대칭적 균형
헤어 스타일		대칭	수직선상을 중심으로 양쪽에 동일한 비중과 색채로 시각적 안정감
인테리어		색채	무채색 가운데 유채색들의 강한 주목성
속성			– 물리적 구조와 색채에서 시각적 무게감으로 서로 균등 – 대칭 균형: 질서, 안정, 통일, 위엄, 정적 – 비대칭 균형: 자유로움, 활동성, 적극적, 여정, 개성 – 방사형 균형: 중심점을 가지고 동적임과 안정감 – 색채 균형: 무채색 가운데 유채색들의 강한 주목성 – 행태와 질감 균형: 작고 복잡한 물체와 질감 부분 주목성

3) 통일(unity)

통일은 하나의 규칙으로 미적 관계의 결합이라고 할 수 있다. 개개의 부분들이 상호관련성을 가지고 디자인 속에서 작품이 전체적으로 통일된 일체감을 이루어야 한다.

통일은 최종적인 완전한 통합의 원리로 완성된 전체에 대한 감각이며, 통일 없이 조화는 이룰 수 있어도 조화 없이 통일이 이루어지는 것은 불가능하다.

- 조화가 이루어진 후 통합된 전체에서 통일된 미 추구
- 전체가 부분보다 두드러진 형태
- 선, 형태, 색채, 질감 등 질서
- 통일성 결여는 혼란, 복잡
- 통일성 과다는 딱딱, 경직
- 하나의 규칙으로 단일화

[표] 3-6 통일이 표현된 디자인

분야	이미지	시각적 효과	특징
조경		질감	전체 풀을 사용하여 통일된 질감으로 안정감과 편안함
건축		형태	로마네스크 양식으로 공간구성 요소들의 배치, 형태와 방향 등에 의해 질서감 있는 통일성
화훼		선	원 모양의 선을 단계적으로 표현하여 규칙적이면서 질서감
패션		질감	전체 시스루 원단으로 통일
회화		형태	두 가지 다른 형태의 문양들이 융합되어 통합적인 효과
헤어 스타일		색채	원색 컬러들의 배열이 화려하고 동적
인테리어		선	선의 형태와 방향에 의한 통일
속성	- 조화가 이루어진 후 통합된 전체에서 통일된 미 추구 - 전체가 부분보다 두드러진 형태 - 선, 형태, 색채, 질감 등 질서 - 통일성 결여는 혼란, 복잡 - 통일성 과다는 딱딱, 경직		

4) 강조(accent)

 강조는 어느 특정 부분에 색채, 형태, 크기, 여백, 장식 등으로 변화를 주어 시각적으로 강하게 집중
성을 주는 요소로, 단조로움을 벗어나 변화와 통일성을 갖고 전달하고자 하는 내용을 주제에 맞게
표현하는 원리이다.

 - 특정 부분 시각적으로 강한 집중성

 - 단조로움과 규칙성 탈피 시 적용

 - **대조**: 현저한 차이 비교, 대립

 - **집중**: 한 곳으로 시선 모으는 것

 - **우세**: 대조나 집중 원리가 포함된 어느 하나가 더욱 우세하게 강조

[표] 3-7 강조가 표현된 디자인

분야	이미지	시각적 효과	특징
조경		집중	연목 가운데 위치한 건축물을 레드색채로 포인트를 주어 정원 분위기 강조
건축		대조	대조의 원리로 무채색 건물 외곽과 내부의 노란 불빛으로 대립시켜 강조
화훼		우세	그린색 가운데 레드색 꽃을 우세하게 강조하여 정원 분위기
패션		대조	무채색 원피스와 원색의 강렬한 레드색 재킷을 대조시켜 강조
회화		우세	강렬한 옐로와 레드색채를 대립시켜 길을 강조하기 위해 우세의 방법
헤어 스타일		집중	전체 브라운 색채 중 핑크 계열의 원색을 사용한 색채 대립으로 시선 집중
인테리어		집중	화이트와 레드색의 대조로 레드색채를 이용해 자칫 밋밋해 보일 수 있는 실내 공간의 전체 분위기를 강조
속성	– 특정 부분 시각적으로 강한 집중성 – 단조로움과 규칙성 탈피 시 적용 – 대조: 현저한 차이 비교, 대립 – 집중: 한 곳으로 시선 모으는 것 – 우세: 대조나 집중 원리 포함된 어느 하나가 더욱 우세하게 강조		

5) 리듬

　리듬은 미적 형식 원리의 하나로 그리스어인 'Rheo', '흐르다'에서 나온 말로써 똑같거나 유사한 요소들로 뚜렷한 반복에 근거를 두고 있다.

　리듬은 통일성을 전제로 한 동적 변화로 어떤 규칙에 따라 일정한 간격을 두고 디자인 요소가 반복되고 있는 것으로, 각 부분이 단계적으로 변화가 일어나는 것이다. 이는 점증과 반복으로 생동감과 경쾌함을 느끼게 한다.

- 하나의 단위 규칙적으로 반복, 배치
- 시각적인 강한 율동감으로 동적 질서
- **반복**: 같은 크기의 요소들을 일정하게 되풀이
- **점진**: 선의 두께, 간격, 크기, 면적, 차츰 크거나 작게 변화
- **방사**: 선, 형태 중심점에서 여러 방향 형태
- **연속**: 연관성 있는 반복

[표] 3-8 리듬이 표현된 디자인

분야	이미지	시각적 효과	특징
조경		점진	연속의 원리로 율동감 있게 물 흐르는 듯 구불거리게 표현
건축		반복	딱딱해 보이는 건물에 곡선이 주는 유연감과 균형 있는 질서를 유지하며, 규칙적으로 반복
화훼		반복	원형의 반복된 배열로 리듬감
패션		연속	반복되는 수평선의 연속에 의한 간격 변화
회화		방사	서로 다른 방향으로의 비규칙적인 방사의 원리
헤어 스타일		반복	간격, 크기, 면적이 규칙적으로 반복되는 리듬감
인테리어		점진	형태의 크기 변화로 차츰 크게 또는 작아지는 점진의 원리
속성	– 하나의 단위, 규칙적으로 반복, 배치 – 시각적인 강한 율동감으로 동적 질서 – 반복 : 같은 크기의 요소들을 일정하게 되풀이 – 점진 : 선의 두께, 간격, 크기, 면적, 차츰 크거나 작게 변화 – 방사 : 선, 형태 중심점에서 여러 방향 형태 – 연속 : 연관성 있는 반복		

6) 비례(proportion)

분포, 면적, 길이 등의 대비 관계이다.

황금비례는 사각형에서 세로와 가로 비율이 1 : 1.16184로 안정감을 주는 비율이다.

7) 동세(movement)

방향과 각도 등 강조하거나 과장하여 움직임을 표현하는 것이다.

8) 디자인 조건

[표] 3-9 디자인 조건

디자인 조건	내용
합목적성	일정한 목적에 도달하는데 적합한 대상, 실용성과 효용성
경제성	최소 비용으로 최상의 디자인, 심미성과 합목적성
독창성	창조적 발상
심미성	합목적성과 반대 개념, 주관적인 아름다움
지역성	특성적 디자인의 친환경성
질서성	합리성과 비합리성의 조화와 질서를 이룰 때 하나의 통일체

- 합리성, 객관성 = 합목적성, 경제성

- 비합리성, 주관성 = 심미성, 독창성

4 디자인의 분류

1) 모방 디자인: 형태와 기능을 그대로 모방하여 디자인이다.

2) 수정 디자인: 형태의 일부만 수정하는 디자인이다.

3) 적응 디자인: 새로운 용도와 형태를 창조하는 디자인이다.

4) 혁신 디자인: 새로운 용도와 형태 기능을 창조하는 디자인이다.

5 디자인 대상의 표현 방법

1) 직접적으로 표현하기

- 눈에 보이는 그대로 직접적으로 표현하고 관찰한다.

- 특징을 파악 후 디자인 원리를 적용한다.

- 메시지 전달이 용이하다.

2) 간접적으로 표현하기

- 주관적 또는 일반적 상징에 비유하여 디자인한다.

3) 감정 흐름대로 표현하기

- 정형화되지 않고 컬러, 형태 등 자유롭게 표현한다.

6 디자인 대상 선정

무엇을 디자인할 것인가?

1) 가시적

- 눈으로 볼 수 있는 모든 대상이나 형태

- 동물, 식물, 바다, 태양 등

2) 비가시적(=불가시적)

- 눈으로 볼 수 없는 것

- 상상, 관념, 사상 등

3) 내면세계

- 겉으로 드러나지 않은 마음속의 감정이나 심리

- 즐거움, 슬픔, 미움, 사랑, 아름다움 등

4) 메시지

- 사회적, 경제적, 문화적인 갈등 요소, 부작용과 문제점을 비판

- 환경오염, 인간성 상실 등

아이디어

CAPSTONE
DESIGN PROCESS

- 디자인 작업의 초기 단계이다.

- 대상에 대한 테마, 콘셉트에 의한 상이나 형을 구체화하는 작업의 과정이다.

- 창의적인 아이디어이다.

- 인체 테마, 주제 표현을 위한 선행 작업이다.

- 디자이너의 지식, 상상력에 의한 아이디어 전개 단계이다.

1 아이디어 발상 요령

1) 단순화한다.

- 어떤 요소나 부분을 삭제, 생략, 압축시키거나 더 축소한다.

- 새로운 시각에서 법칙을 깨고, 추상화한다.

2) 반복한다.

- 어떤 형태, 색상, 이미지, 방향 등을 주제에 맞게 반복한다.

- 규칙적인 반복과 비규칙적인 반복을 통해 이색적인 생각을 표현한다.

3) 함께 생각한다.

- 작품의 요소들과의 연결성으로 함께 생각한다.

- 유사하지 않는 것들도 혼합하고 융화시켜 생각한다.

4) 덧붙인다.

- 작품을 발전시키기 위해 아이디어나 대상, 재료 등을 첨가시켜 확대한다.

- 크기를 다양화하고 과장되게 추가시켜 확장시킨다.

5) 옮긴다.

- 정형화되지 않게 각색하고 순서를 바꾸어 고정관념을 넘어 다른 형태로 변형시킨다.

- 새롭고 다른 시각으로 작품을 볼 수 있다.

6) 쪼갠다.

- 작품을 작은 조각으로 분리하거나 나누어 생각한다.

- 쪼개기 전 어떤 요소에 초점을 맞출 것인가 생각한다.

7) 왜곡시킨다.

- 작품의 원래 형태나 의미를 비현실적, 기하학적으로 왜곡한다.

- 허구화시키기 위해 길이, 넓이, 두께, 간격, 크기, 색 등을 어떻게 기형적으로 만들 것인가 역발상하여 생각한다.

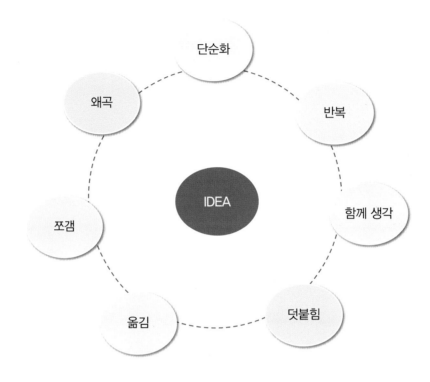

[그림] 4-1 아이디어 발상법

2 아이디어 발상 접근법

1) 패러디(Parody)

 패러디란 기존 원본에서 따와 재생산하여 사용하는 콘셉트로, '잘 알려진' 원작을 비틀어 풍자적으로 새로운 메시지를 만들어 내는 문학의 한 표현 형식이다.

 패러디는 단순한 모방 차원이 아닌 패러디의 대상이 된 작품과 패러디를 한 작품이 모두 새로운 의미를 가지게 된다는 점에서 표절(剽竊)과 구분된다.

 - 문학, 음악, 사회, 미술, 음악 등 원작을 풍자적으로 재해석과 인용하여 재미있게 변형한다.

 - 서투른 모방과 흉내, 조롱과 개성을 추가하여 우스꽝스럽게 표현한다.

[그림] 4-2 패러디

2) 레트로(Retro)

추억이라는 뜻의 영어 'Retrospect'의 준말로 과거의 추억이나 전통, 기억 등을 그리워해 그 시절로 돌아가려는 흐름으로 '복고주의', '복고풍'이라고도 한다. 레트로 경향은 최근 들어 더욱 확장되면서 뉴트로, 힙트로, 빈트로 등의 새로운 개념도 등장하였다. 과거에 존재했거나 유행했던 것이 현재에 다시 급부상하는 것으로 패션이나 인테리어, 대중음악 분야 등에서 주로 사용된다.

- 과거에 유행했던 것을 다시 꺼내 그 향수에 대한 회상, 회고, 추억, 리바이벌, 복고적인 의미가 담겨 있다.

- 과거의 양식을 현대적으로 재현, 재해석하였다.

[그림] 4-3 레트로

3) 레터링(Lettering)

원래의 뜻은 문자를 쓰는 것이며, 디자인 분야에서는 글자 디자인, 글자의 표현, 그 기능이나 글자 자체를 의미한다. 문자를 그리거나 디자인하는 일로 조형적인 목적이나 가독성이 높은 새로운 문자체를 창작하는 것이다. 레터링 작업은 읽기 쉽고, 작품 내용과 조화, 개성 있고 통일성 있게 하여 사용 목적에 적합하도록 한다.

- 레터링은 디자인을 돕기 위해 새롭게 개발한 문자 디자인이다.

- 이미 만들어진 서체를 정확하게 옮기거나 가독성이 높은 글자를 조화 있게 표현한다.

[그림] 4-4 레터링

4) 착시(Optical illusion)

착시는 시각(視覺)에 관해서 생기는 착각으로 어떤 물체의 실제 모습, 크기, 형태, 빛깔 등의 성질과 우리 눈으로 보는 모습 사이의 차이이다.

물체의 실제 모습은 말 그대로 실제 있는 모습이며, 우리가 눈으로 보는 현상은 사물의 모습이 우리 눈의 시신경을 통해 들어와 눈의 망막에 맺힌 상을 뇌가 재해석과 판단하면서 일어나는 현상인데, 이 두 가지가 서로 일치하지 않을 때 우리는 착시 현상을 일으킨다.

- **시각적 착시**: 사물의 형상을 받아들이면서 착각이 일어나는 현상이다.

- **물리적 착시**: 명암, 기울기, 색상, 움직임 등 특정한 자극을 과도하게 수용하면서 발생하는 현상이다.

- **인지적 착시**: 눈으로 받아들인 자극인 주로 공간을 뇌가 무의식적으로 추론하여 받아들이는 현상이다.

[그림] 4-5 착시

5) 사물(Dingheit)

사물이란 보이는 것이든 안 보이는 것이든 개별적인 물건으로 일정한 형체를 갖춘 모든 물질적 대상을 뜻한다.

- 반복되고 복잡한 일상에서 사물에 대한 발상의 전환이다.

- 사물을 바라보는 여러 각도에 따라서 아이디어가 창출된다.

[그림] 4-6 스프링노트

[그림] 4-7 배드민턴 공

6) 식물: 나무, 꽃 등

7) 동물: 새, 기린, 호랑이 등

8) 무생물: 돌, 물, 흙, 파도 등

3 캡스톤 디자인 일지

캡스톤 디자인 일지

주제			
팀원		날짜	년 월 일
주제선정			

캡스톤 디자인 일지

주제			
팀원		날짜	년 월 일

캡스톤 디자인 일지

주제			
팀원		날짜	년　월　일

이미지화

캡스톤 디자인 결과 보고서

작품명	
작품구현 목적	
팀원	

작품 이미지(팀 과제 발표)

부록 캡스톤 디자인 사례

아트마스크를 이용해
"디자인 원리와 감성 이미지"를 적용한
캡스톤 디자인 사례입니다.

CAPSTONE
DESIGN PROCESS

캡스톤 디자인 사례 1

작품명 : 세세션(secession) – 이탈

분류	디자인 원리(조화) + 감성 이미지(차가운)		
모티브 및 일러스트			
색채	차가운 ⬛⬛⬜　　어두운 ⬛⬛⬛		
사이즈	프레임: 가로 60cm × 세로 45cm / 마스크: 가로 13cm × 세로 21cm		
기법	에어브러시 기법, 화학적 기법, 컴퓨터그래픽 기법		
재료	마스크 1개, 에어브러시 물감(그레이), 라이닝 물감(블루, 블랙)		

캡스톤 디자인 사례 2

작품명 : 슈에트(chouette) – 멋쟁이

분류	디자인 원리(조화) + 감성 이미지(차가운)
모티브 및 일러스트	
색채	현대적인 ■ ■ ■ □　　 멋쟁이 ■ ■
사이즈	프레임: 가로 60cm × 세로 45cm / 마스크: 가로 13cm × 세로 21cm
기법	화학적 기법, 오브게 기법
재료	마스크 1개, 라이닝 물감(그레이, 핑크, 화이트, 블랙, 브라운), 폼 보드(블루, 그레이, 화이트, 블랙)

캡스톤 디자인 사례 3

작품명 : 르 본외흐(le bonheur) – 행운탈

분류	디자인 원리(균형) + 감성 이미지(인공적인)		
모 티 브 및 일 러 스 트			
색채	비도덕적 ■ 자의식 ■ 단절 ■		
사이즈	프레임: 가로 60cm × 세로 45cm / 마스크: 가로 13cm × 세로 21cm 가로 6.5cm × 세로 21cm		
기법	에어브러시 기법, 오브제 기법		
재료	마스크 2개, 에어브러시 물감(그레이), 라이닝 물감(블랙, 그레이, 레드), 부직포, 철망		

캡스톤 디자인 사례 4

작품명 : 페컨디테(fecondite) – 풍요

분류	디자인 원리(통일) + 감성 이미지(전원적인)
모티브 및 일러스트	
색채	풍요로운 ■ ■ 소박함, 친근감 ■ ■ ■
사이즈	프레임: 가로 60cm × 세로 45cm / 마스크: 가로 13cm × 세로 21cm
기법	에어브러시 기법, 화학적 기법, 오브제 기법
재료	마스크 1개, 배양토, 플라워 포장지, 클레이, 에어브러시 물감(골드 펄), 라이닝 물감(브라운, 블랙)

캡스톤 디자인 사례 5

작품명 : 레포스(repos) – 휴식

분류	디자인 원리(조화) + 감성 이미지(자연적인)		
모티브 및 일러스트			
색채	안정감 ▮▮ 휴식 ▮▮▮		
사이즈	프레임: 가로 60cm × 세로 45cm / 마스크: 가로 13cm × 세로 21cm		
기법	오브제 기법		
재료	투명 마스크 1개, 인조 잔디, 나뭇잎		

캡스톤 디자인 사례 6

작품명 : 에갈리떼(egalite) – 평등

분류	디자인 원리(리듬) + 감성 이미지(율동적인)
모 티 브 및 일 러 스 트	
색채	생동감 ▪ ▪　　규율 ▪ ▪
사이즈	프레임: 가로 60cm × 세로 45cm / 마스크: 가로 13cm × 세로 21cm
기법	에어브러시 기법, 점각 기법, 스탠실 기법, 오브제 기법
재료	마스크 1개, 에어브러시 물감(레드), 라이닝 물감(골드 펄), 벨벳원단, 보드(레드), 스탠실, 롤러, 속눈썹

캡스톤 디자인 사례 7

작품명 : 쏠리튜드(solitute) – 고독

분류	디자인 원리(통일) + 감성 이미지(활동적인)		
모 티 브 및 일 러 스 트			
색채	역동적, 운동감		
사이즈	프레임: 가로 60cm × 세로 45cm / 마스크: 가로 13cm × 세로 21cm		
기법	트롱프–뢰유 기법, 화학적 기법		
재료	마스크 1개, 폼 보드, 라이닝 물감(레드, 옐로, 핑크, 그린, 오렌지, 블루)		

캡스톤 디자인 사례 8

작품명 : 라름(larmes) - 눈물

분류	디자인 원리(강조) + 감성 이미지(요염한)		
모 티 브 및 일 러 스 트			
색채	슬픔 ███ ▢ 욕망 ███		
사이즈	프레임: 가로 60cm × 세로 45cm / 마스크: 가로 13cm × 세로 21cm		
기법	에어브러시 기법, 오브제 기법		
재료	마스크 2개, 꽃 수술, 속눈썹, 라이닝 물감(레드)		

캡스톤 디자인 사례 9

작품명 : 데지르(desir) - 욕망

분류	디자인 원리(리듬) + 감성 이미지(성숙한)
모티브 및 일러스트	
색채	우아한, 화려한 ■ ■ ■ ■
사이즈	프레임: 가로 60cm × 세로 45cm / 마스크: 가로 13cm × 세로 21cm
기법	에어브러시 기법, 오브제 기법, 화학적 기법
재료	마스크 1개, 폼 보드, 에어브러시 물감(바이올렛), 아쿠아 물감(옐로), 에어브러시용 파운데이션, 스타킹

캡스톤 디자인 사례 10

작품명 : 운 라포트(un rapport) – 인연

분류	디자인 원리(균형) + 감성 이미지(달콤한)
모티브 및 일러스트	
색채	사랑, 달콤 ▮▮▮ 환상, 순수 ▮▮□
사이즈	프레임: 가로 60cm × 세로 45cm / 마스크: 가로 13cm × 세로 21cm
기법	에어브러시 기법, 오브제 기법
재료	마스크 1개, 에어브러시 물감(블루, 핑크), 플라워 포장지, 속눈썹

참고문헌

· 김병희(2014). 아이디어발상법. 케뮤니케이션북스.

· 김병희(2014). 에디슨 발상법: 창의주성 개념에 의한 광고 아이디어 발상법의 탐색. 광고PR실학연구.

· 김흥수(2021). 캡스톤 디자인의 이해. 박영사.

· 랜덤링크. 한국창업보육협회 창업보육전문매니저 표준교재 기술창업실무 p. 14~15

· 신강균(2010). 4S 아이디어 발상법. 컴온프레스.

· 신학수(2008). 어, 내 눈이 잘못된 거 아냐?, 착시 현상, 상위 5%로 가는 물리교실2. 스콜라

· 안나현(2014). 디자인 원리를 적용한 아트마스크. 서경대학교 일반대학원 미용예술학교 박사학위논문.

· 양효식(2020). 캡스톤 디자인(산학협력 프로젝트를 위한). 21세기사.

· 이유태(2018). 캡스톤 디자인. 시그마프레스.

· 전국대학연구 산학협력관리자협의회 편, 산학협력길라잡이Ⅰ. p.266.

· 정상수(2010). 스매싱: 아이디어가 막힐 때 돌파하는 힘. 해냄출판사.

웹사이트

· 네이버 지식백과. 스캠퍼 기법. 시사상식사전. 지식엔진연구소

· 레트로. https://blog.naver.com/oppni/221415560949

· 마인드맵. 픽사베이. https://blog.naver.com/asancriti/222781591952

· 착시. https://blog.naver.com/deconuvo00/222468302095

· 패러디. https://blog.naver.com/thwjt_young/50114421021

· 선종류. https://terms.naver.com/entry.naver?docId=960338&cid=47310&categoryId=47310